阅读中国·外教社中文分级系列
Reading China SFLEP Chinese Graded Rea

总主编 程爱民

中国百姓故事

Stories of Chinese People

编者 张宜昂

四级主编 刘影

四级 1

上海外语教育出版社
SHANGHAI FOREIGN LANGUAGE EDUCATION PRESS

主编的话

　　每个学习外语的人在学习初期都会觉得外语很难，除了教材，其他书基本上看不懂。很多年前，我有个学生，他大学一年级时在外语学院图书室帮忙整理图书，偶然看到一本《莎士比亚故事集》，翻了几页，发现自己看得懂，一下子就看入了迷。后来，他一有空就去图书室看那本书，很快看完了，发现自己的英语进步不少。其实，那本《莎士比亚故事集》就是一本牛津英语分级读物。这个故事告诉我们，适合外语学习者水平的书籍对外语学习有多么重要。

　　英语分级阅读进入中国已有几十年了，但国际中文分级教学以及分级读物编写实践才刚刚起步，中文分级读物不仅在数量上严重不足，编写质量上也存在许多问题。因此，在《国际中文教育中文水平等级标准》出台之后，我们就想着要编写一套适合全球中文学习者的国际中文分级读物，于是便有了这套《阅读中国·外教社中文分级系列读物》。

　　本套读物遵循母语为非中文者的中文习得基本规律，参考英语作为外语教学分级读物的编写理念和方法，设置鲜明的中国主题，采用适合外国读者阅读心理和阅读习惯的叙事话语方式，对标《国际中文教育中文水平等级标准》，是国内外第一套开放型、内容与语言兼顾、纸质和数字资源深度融合的国际中文教育分级系列读物。本套读物第一辑共 36 册，其中，一——六级每级各 5 册，七—九级共 6 册。

　　读万卷书，行万里路，这是两种认识世界的方法。现在，中国人去看世界，外国人来看中国，已成为一种全球景观。中国历史源远流长，中国文化丰富多彩，中国式现代化不断推进和拓展，确实值得来看看。如果你在学中文，对中国文化感兴趣，推荐你看看这套《阅读中国·外教社中文分级系列读物》。它不仅能帮助你更好地学习中文，也有助于你了解一个立体、真实、鲜活的中国。

程爱民
2023 年 5 月

目录

I

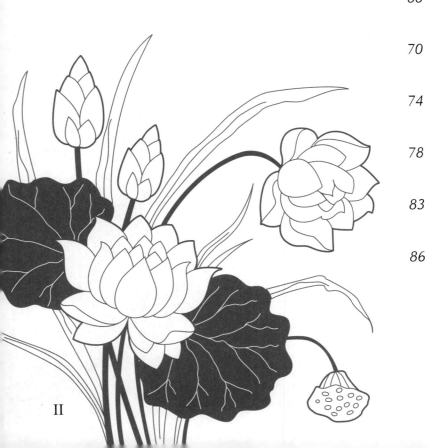

1 汉服
女孩儿

汉服是汉族的传统民族服装。喜欢汉服的年轻人非常多，<ruby>黄兰心<rt>Huáng Lánxīn</rt></ruby>就是其中普普通通的一位。

她第一次见到汉服是在上中学的时候。有一次，老师让同学们观看了一组漂亮的服装图片，黄兰心马上就喜欢上了这些服装。她觉得，它们好像是电影、电视剧里的衣服。老师说："这些叫做汉服，是汉族的传统民族服装。"有同学说："我们见过的传统服装跟这不一样啊？"还有同学说："汉族没有民族服装吧？"

老师向大家解释："<ruby>中华<rt>Zhōnghuá</rt></ruby>民族是由五十六个民族组成的，汉族一直是其中人口最多的。汉族有自己的传统民族服装，但在进入现代社会以前，最后一个朝代是少数民族建立的，当时的汉族人改穿了他们的服装。这些汉族传统服装已经消失很多年了，所以，有人以为汉族没有民族服装。现在，越来越多的人认识到，汉服就像汉字一样，是中国文化的符号，推广汉服文化就是推广中国文化。汉服应该重新回到我们的生活中，尤其是回到一些重要场合中，比如传统节日、重要仪式等等。"

当时，对于老师讲的汉服的文化意义，黄兰心还没有深刻的理解。作为爱美的女孩儿，她只是觉得，如果她穿上汉服一定很漂亮！

上大学以后，黄兰心买了第一件汉服。她发现，校园里有许多像她一样喜欢汉服的同学。她参加了学校的汉服兴趣小组，跟同学们一起学习、交流汉服知识。渐渐地，她对汉服文化的理解越来越深刻了，对汉服也越来越喜欢了。她跟同学们一起举办了多场推广活动：在传统节日里，他们身穿汉服宣传节日文化；开学时，他们按照古代传统为新生举行成人仪式；毕业时，他们身穿汉服拍照……

黄兰心虽然喜欢汉服，但她一般只在一些重要场合和举办活动时穿，在日常生活中，她很少穿汉服。不过，她发现，周末穿汉服逛公园、逛街的人越来越多了。可见，人们对汉服的接受程度正在提高。

　　最使她开心的是，汉服让她收获了爱情——在汉服活动中，她认识了有相同爱好的男朋友小李。

　　现在，黄兰心已经参加工作了，她目前最大的愿望就是为自己举办一场汉服婚礼。

本级词

传统 chuántǒng | tradition	成人 chéngrén | adult
解释 jiěshì | to explain	毕业 bìyè | to graduate
符号 fúhào | symbol	拍照 pāi zhào | to take photo
对于 duìyú | with regard to	逛 guàng | to stroll
作为 zuòwéi | (to serve) as	可见 kějiàn | so, it is thus clear that
兴趣 xìngqù | interest	收获 shōuhuò | to gain
渐渐 jiànjiàn | gradully	婚礼 hūnlǐ | wedding

超纲词

朝代 cháodài | dynasty	仪式 yíshì | ceremony

汉族 Hànzú

Han nationality is the most populous one among 56 nationalities in China.

汉服 hànfú

Han Chinese clothing is the traditional costume of the Han nationality. The main feature of it is putting the right side of collar under the left side.

练习

一、选词填空。

Fill in the blanks with the words given below.

A. 收获　　　B. 婚礼　　　C. 成人　　　D. 传统

黄兰心跟同学们一起举办了多场推广活动：在 _____ 节日里，他们身穿汉服宣传节日文化；开学时，他们按照古代传统为新生举行 _____ 仪式；毕业时，他们身穿汉服拍照……

汉服还让她 _____ 了爱情，她目前最大的愿望就是为自己举办一场汉服 _____。

二、根据文章选择正确答案。

Choose the correct answer according to the article.

1. 黄兰心开始喜欢汉服是因为 _____。

    A. 父母影响了她

    B. 汉服看起来非常漂亮

    C. 理解了汉服的文化意义

    D. 汉服是电影、电视剧里古代人穿的

2. "周末穿汉服逛公园、逛街的人越来越多了。"这说明 _____。

    A. 汉服价格便宜了

    B. 人们更加爱美了

    C. 汉服的设计越来越漂亮

    D. 人们正在慢慢接受汉服

三、根据文章判断正误。

Tell right or wrong according to the article.

（   ）1. 喜欢汉服的年轻人非常多。

（   ）2. 中华民族是由五十六个民族组成的。

（   ）3. 汉族是中国的少数民族之一。

（   ）4. 汉族没有传统民族服装。

2 农村厨师

　　在中国，谁家老人过生日、儿子女儿结婚、新建房子，都要办几桌，甚至几十桌酒席，和来祝贺的人一起热闹热闹。在农村的许多地方，至今还保留着请厨师来自己家办酒席的习惯。

　　自家办酒席，做菜的场所一般就在主人家的院子里，把从邻居家借来的几块菜板放在一起，就成了厨师的操作台。厨师往往会带个徒弟帮着配菜；其他工作，像洗菜、上菜、洗碗什么的，会有邻居们主动来帮着做。

　　酒席好不好，主要是看厨师的技术。哪个厨师做菜水平如何，人们心里都清楚。一个技术好的农村厨师，在当地是非常受欢迎的。

我的邻居老张，就是一位农村厨师。他初中毕业后，跟着邻村的一位老厨师当徒弟。老张为人老实，老厨师对他很满意，就尽力地教他。没几年，各种常见菜他就能做得又熟练又好吃了。慢慢地，老厨师的女儿爱上了他。结婚后，他们就从师徒变成了一家人。老厨师汤做得最好，他把做汤的技术一点儿也不保留地教给了这位他最满意的徒弟。

老张的老婆不仅支持他当厨师，还建议他去大城市向名厨师们学更高的技术。从二十六七岁开始，他前前后后在好几个大城市的大酒店里工作过，跟那里的厨师们学了不少名菜的做法。他老婆也跟着在酒店里打工、帮厨。就这样过了十年，他已经是一位技术很高的厨师了。他做的菜，名厨师们吃了都说好。后来，他回到家乡，在镇上开了个"百姓饭店"，生意很好。

老张在我们那儿非常有名。周围十里八村的百姓，家里要办事的时候，都请他去做酒席。他很好说话，不用上门去请，只要打个电话就行。

老张无论去哪家办酒席，总是先跟主人家商量好，准备多少桌、都有什么菜、有什么特殊要求等等，然后按照主人家的意见列出菜单。有的人家希望自己准备材料，老张就另外列出一张购物单子，请他们提前备好。也有很多人不想麻烦，就让老张替他们买，最后按桌一起算钱。在办酒席的日子里，往往天刚亮，老张就拿着工具，带上老婆出发了。

老张常说，只要吃饭的人满意，他就有成就感。

本级词

甚至 shènzhì | even	无论 wúlùn | however
热闹 rènao | to have a jolly time	特殊 tèshū | special
老实 lǎoshi | honest	列 liè | to list
尽力 jìnlì | to do one's best	材料 cáiliào | material, ingredient
熟练 shúliàn | skilled, proficient	购物 gòuwù | to do/go shopping
老婆 lǎopo | wife	替 tì | to replace
办事 bànshì | to handle affairs	

超纲词

厨师 chúshī | chef	徒弟 túdi | apprentice
酒席 jiǔxí | feast	镇 zhèn | (small) town
操作台 cāozuòtái | worktop	十里八村 shílǐ-bācūn | the surrounding villages

7

一、选词填空。

Fill in the blanks with the words given below.

A. 特殊　　　　B. 无论　　　C. 购物　　　D. 列

老张 _____ 去哪家办酒席，总是先跟主人家商量好，准备多少桌、都有什么菜、有什么 _____ 要求等等，然后按照主人家的意见 _____ 出菜单。有的人家希望自己准备材料，老张就另外列出一张 _____ 单子，请他们提前备好。

二、根据文章判断正误。

Tell right or wrong according to the article.

（　　　）1. 现在的农村没有在家办酒席的习惯了。

（　　　）2. 主人家的邻居会主动来帮着洗菜、洗碗。

（　　　）3. 厨师往往会带个徒弟来帮忙。

（　　　）4. 当地人一般看不起农村厨师。

三、把<u>老张</u>的经历和做菜技术，按时间顺序分别进行排列。

Rearrange Lao Zhang's experience and cooking skills in chronological order.

A. 从师徒变成了一家人

B. 回家开了个百姓饭店

C. 跟着邻村的一位老厨师当徒弟

D. 在大城市的大酒店里工作

E. 他做的菜，名厨们吃了都说好

F. 学了很多做汤的技巧

G. 各种常见菜做得又熟练又好吃

H. 学了不少名菜做法

经历：（　　　　）→（　　　　）→（　　　　）→（　　　　）

做菜技术：（　　　　）→（　　　　）→（　　　　）→（　　　　）

3 住在北京

　　1998年以前，中国城镇居民的住房主要靠分配。"等国家建房，靠单位分房"，当时的住房制度具有鲜明的时代特征。那时候，大家在单位分房子，需要有很多方面的资格，比如工龄、是否结婚等等，然后按顺序排队。

　　20世纪90年代初，李卫从东北老家来北京读大学。1996年毕业后，他留在北京工作。当时，他们单位待遇不错，有机会分房，但是没结婚是不能分房子的。尽管那时李卫的女朋友还在读研究生，但为了分房子，他们早早地领了结婚证。

　　分房的过程不太顺利，李卫夫妇第一次并没有排上，只能住单位提供的宿舍。宿舍里的卫生间和厨房都是公共的，不太方便。两年后，他们终于住上了半套家属楼——一套房子分为两个半套，两家居住。那时，北京人住的大部分都是单位宿舍或者家属楼。

1998年，中国制定了新的城镇住房制度，取消分房，居民住房需要购买，政府每月发住房补贴，中国的住房走上了市场化道路。

2000年，李卫夫妇终于分到了一套家属楼。跟以前免费分配不同的是，按当时的规定，他们需要拿出八万多元，房子才能归自己所有。八万元现在看不算多，但对于当时的他们来说，却是一个巨大的数字，因为当时李卫一个月的工资才两千多元。他们拿出了所有的积蓄，加上从银行借的钱，终于得到了那时最大的一笔财产——他们的第一套房子，这是他们以前从来不敢想的事。那套房子面积不大，50平方，但离单位不远，就在市区，位置非常好。住上自己的房子，能够有单独的卫生间和厨房，对于当时的李卫来说，已经觉得很幸福了。

去年，李卫夫妇又购买了一套120平方、装修漂亮的商品房。奋斗了这么多年，他们终于住进了理想的房子。那套小房子，他们出租给了刚工作不久的小刘夫妇。小刘觉得，目前房子价格太高，他们承受不了，借钱买房会影响他们的生活品质，所以，他们打算长期租房，等有了钱再买房。

对于出生于70年代的李卫这代人来说，幸福感跟房子有很大关系。不过，对于出生于90年代的年轻人来说，这种观念正在改变。

来到北京三十多年的李卫，经历了北京人从分配住房转变到购买商品房的过程，看到了北京住房市场得到了巨大的发展，也感受到了由此带来的城市建设的巨大变化。

本级词

居民 jūmín | resident

鲜明 xiānmíng | obvious

特征 tèzhēng | feature

是否 shìfǒu | whether (or not)

顺序 shùnxù | order, sequence

老家 lǎojiā | hometown

待遇 dàiyù | treatment, salary

研究生 yánjiūshēng | graduate student

夫妇 fūfù | couple

提供 tígōng | to offer

分为 fēnwéi | to divide into

居住 jūzhù | to live

购买 gòumǎi | to buy, to purchase

免费 miǎnfèi | (for) free

归 guī | to belong to

却 què | but

巨大 jùdà | huge

财产 cáichǎn | property

平方 píngfāng | square (metre)

市区 shìqū | downtown area, inner city

位置 wèizhì | location

单独 dāndú | independent

装修 zhuāngxiū | to fit up (a house)

奋斗 fèndòu | to struggle

承受 chéngshòu | to afford, to bear

品质 pǐnzhì | quality

超纲词

城镇 chéngzhèn | cities and towns

宿舍 sùshè | dormitory

厨房 chúfáng | kitchen

补贴 bǔtiē | subsidy

积蓄 jīxù | saving

练 习

一、选词填空。

Fill in the blanks with the words given below.

A. 财产   B. 平方   C. 积蓄   D. 市区

李卫夫妇拿出了所有的 _____，加上从银行借的钱，终于得到了那时最大的一笔 _____——他们的第一套房子，这是他们以前从来不敢想的事。那套房子面积不大，50 _____，但离单位不远，就在 _____，位置非常好。

二、根据文章选择正确答案。

Choose the correct answer according to the article.

小刘夫妇为什么不借钱买房？（   ）

A. 钱不容易借到   B. 银行利息太高

C. 不想影响生活品质   D. 想住得离单位近些

三、根据文章判断正误。

Tell right or wrong according to the article.

（　　　）1. 1998年以前，人们在单位分房需要具备多方面的资格。

（　　　）2. 中国的新住房制度，使中国的住房走上了市场化道路。

（　　　）3. 从单位买的那套家属楼面积很小，李卫的妻子不太满意。

（　　　）4. 对于出生于70年代的人来说，幸福感跟房子关系不大。

四、请在时间线上填入李卫夫妇不同时期的住房情况。

Fill in the blanks with Mr. and Mrs. Li's housing condition of different periods.

A. 购买一套商品房

B. 住单位的半套家属楼

C. 购买一套家属楼

D. 住单位提供的宿舍

1996年 _____ → 1998年 _____ → 2000年 _____ → 去年_____

4 我的 "车生活"

昨天，我在街上遇到一位老人，推着过去那种永久牌自行车。看着这很多年不见的自行车，我想起了小时候的那辆"永久"。

从自行车到小汽车

我的家乡在河北省的一个农村，离北京差不多三百公里。

20世纪80年代初，对于农村家庭来说，自行车是不多见的。父亲买了一辆永久牌自行车，这可是当时的名牌儿。上小学时，个子跟"永久"差不多的我，做的最了不起的一件事，就是学会了骑自行车，骑的就是父亲那辆。

慢慢地，自行车成了人们不可缺少的工具。我考入初中后，家里又专门给我买了一辆"永久"。冬天，母亲怕我手冷，给我做了一双骑自行车的手套，戴着特别暖和。这辆自行车就成了跟我一起度过中学时代的好朋友。

90年代，我在城里参加了工作。那时候，城里出现了摩托车，它的优点是省时又省力。没几年工夫，摩托车像一阵风一样，大规模地进入了普通家庭，大有替代自行车的趋势。

进入21世纪后，汽车慢慢进入人们的生活。2007年，我顺利通过考试，成为当地第一批女司机。汽车改变了我的生活方式。我爱上了开车旅游，再不用像以前那样提前买票了，随时都能来一场说走就走的旅行。如今，汽车早已普及全城，却又带来了另一种麻烦——堵车。

一次旅行两种列车

2009年春天，我带着孩子坐火车去看在北京长期出差的老公。我们去时坐的是一般的绿皮火车，路上经过的每一站都要停，一共花了四个多小时才到达。

回家时，我们坐的是"和谐号"动力火车（动车），列车的样子非常现代，里面的环境非常舒适，和绿皮火车形成了鲜明的对比。风景在窗外飞过，车内却特别平稳，不到两小时就到家了。

这次旅行，让我真正体验到了交通的高速发展。

小城的高铁时代

去年，我们这里建设了一座高铁站，小城也进入了高铁时代。高铁到北京只需一小时，长途变成了短途，老公去北京出差也不用住那里了，办完事当天就能回家，有时候还来得及吃晚饭。我们真正进入了"首都一小时生活圈"！

我相信，我们未来的"车生活"一定会更美好！

本级词

遇到 yùdào | to meet (with)

牌 pái | brand

名牌儿 míngpáir | famous brand

了不起 liǎobuqǐ | extraordinary

手套 shǒutào | gloves

戴 dài | to wear

度过 dùguò | to spend

阵 zhèn | gust (of wind)

大规模 dàguīmó | large-scale

替代 tìdài | to replace

趋势 qūshì | trend

批 pī | batch, group

如今 rújīn | nowadays

堵车 dǔchē | to be traffic-jammed

老公 lǎogōng | husband

现代 xiàndài | modern

舒适 shūshì | comfortable

对比 duìbǐ | contrast

风景 fēngjǐng | scenery

窗 chuāng | window

平稳 píngwěn | stable, steady

高铁 gāotiě | high-speed railway

长途 chángtú | long-distance

来得及 láidejí | be able to make it

圈 quān | circle

未来 wèilái | future

超纲词

永久 yǒngjiǔ | Forever (brand)

摩托车 mótuōchē | motorbike

和谐 héxié | harmony

练 习

一、根据文章选择正确答案。

Choose the correct answer according to the article.

1. "再不用像以前那样提前买票了，随时都能来一场说走就走的旅行。"作者用这个例子是为了说明 _____。

A. 她的性格很急

B. 汽车已经普及全城

C. 汽车改变了她的生活方式

2. 作者用什么来形容摩托车大规模进入普通家庭？（　　　　）

　　A. 一阵风　　　　　　　B. 一阵雨　　　　　　　C. 一场潮流

3. 2009年春天的旅行，作者坐的两种列车不包括 _____ 。

　　A. 动车　　　　　　　　B. 高铁　　　　　　　　C. 绿皮火车

二、根据文章判断正误。

Tell right or wrong according to the article.

（　　　　）1. 20世纪80年代初，自行车是农村家庭不可缺少的交通工具。

（　　　　）2. 摩托车大规模进入普通家庭是在20世纪90年代。

（　　　　）3. 作者是当地第一批女司机。

（　　　　）4. 绿皮火车的样子很现代，里面环境很舒适。

（　　　　）5. 坐高铁从当地到北京只需一小时。

17

5 西海固移民

人离不开水，中国的母亲河——黄河从宁夏（Níngxià）北部流过，带来了丰富的水资源。

然而，农民马有福（Mǎ Yǒufú）的老家——宁夏南部的西海固（Xīhǎigù）地区，却得不到黄河水带来的财富。这里很少下雨，非常缺水，而且大山连片，交通不便。很久以前，这里几乎没人居住。近代以来，很多失去土地的农民来到这里开荒种地。后来，人口的增加、过度的开荒使这里的生态越来越差，农民更加贫穷。

马有福的村子叫"响水村"（Xiǎngshuǐ Cūn），村名虽叫"响水"，却只是人们美好的愿望，实际上，这里面临的最大问题就是缺水。全村几十户人只靠一眼泉水生活。农民种粮食只能靠天吃饭，雨水多就多收，雨水少就少收。由于交通不便，孩子上学需要走十几里山路。农民生活非常困难。1972年，这里被联合国（Liánhéguó）列入最不适合人类居住的地区之一。

20世纪90年代开始，为了解决西海固的生态问题以及居民的生活问题，中国政府在宁夏中北部划出了大片荒地，设置移民村，让大家到这里生活，政府负责安置。然而，当时西海固农民的思想比较保守，不愿意离开家乡。

新婚不久的马有福和其他几户想摆脱贫穷的农民率先来到了这里。

他们来到后才发现，这里是一眼望不到边的荒地，而且也用不上黄河水。有些人感到很失望，想要回家乡。马有福知道后，劝他们说："这里虽然暂时条件不好，但总比老家强。哪怕为了孩子们以后不再受穷，咱们也不能回去！政府要建设引黄河水的工程，很快就能用上黄河水。咱们要往前走，不能只往后看。"

就这样，他们在这里整理土地、种粮食、建房子，坚持了下来。三年后，马有福有了一双儿女。引水工程也建好了，第一次看到黄河水流到自家土地上时，马有福流出了高兴的泪水。

后来，响水村的农民都来到了移民村。1997年，移民村遇到了更大的发展机遇，国家加大了对移民工作的投入，移民村建设进入高潮。现在，这里已经发展成到处是绿树、人人有工作的移民小镇。

如今，六十岁的马有福常会想起西海固的老家，因为那里是他的根。但他的孩子们却认为，移民村才是他们年轻人的根。

本级词

移民 yímín | immigration, immigrate

离不开 lí bu kāi | can't do without

资源 zīyuán | resource

然而 rán'ér | however

财富 cáifù | treasure, wealth

几乎 jīhū | almost

近代 jìndài | modern times

土地 tǔdì | land

面临 miànlín | to be faced with

户 hù | household

泉水 quánshuǐ | spring water

粮食 liángshi | grain

列入 lièrù | to be listed for

以及 yǐjí | as well as

划 huà | to mark out

设置 shèzhì | to set up

安置 ānzhì | to find a suitable place, position, job, etc. for sb

保守 bǎoshǒu | conservative

摆脱 bǎituō | to shake off

率先 shuàixiān | first; to take the lead

失望 shīwàng | disappointed

哪怕 nǎpà | even if

穷 qióng | poor

19

引 yǐn | to draw

投入 tóurù | investment

工程 gōngchéng | project

高潮 gāocháo | climax, high tide

泪水 lèishuǐ | tear

根 gēn | root

机遇 jīyù | opportunity

超纲词

开荒 kāihuāng | to cultivate virgin land

生态 shēngtài | ecology

过度 guòdù | excessive

贫穷 pínqióng | poor, poverty

练 习

一、选词填空。

Fill in the blanks with the words given below.

A. 引　　　B. 工程　　　C. 失望　　　D. 哪怕

刚开始移民时，有些人感到很 _____，想要回家乡。马有福说："这里虽然暂时条件不好，但总比老家强。_____ 为了孩子们以后不再受穷，咱们也不能回去！政府要建设 _____ 黄河水的 _____，很快就能用上黄河水。"

二、根据文章选择正确答案。

Choose the correct answer according to the article.

1. 马有福的村子为什么叫"响水村"？（　　　）

　　A. 村边有条小河。　　　　　　　B. 人们希望不缺水。

　　C. 那里夏天雨水大。　　　　　　D. 泉水流过的声音比较响。

2. "农民种粮食只能靠天吃饭。"这句话在文中的意思是：_____。

　　A. 种上粮食以后缺少管理

　　B. 农民喜欢坐在室外吃饭

　　C. 雨水多，收的粮食就多

　　D. 天气晴，收的粮食就多

三、根据文章判断正误。

Tell right or wrong according to the article.

（　　　）1. 黄河给宁夏南部带来了丰富的水资源。

（　　　）2. 当时，西海固农民的思想比较保守，不愿意轻易离开家乡。

（　　　）3. 第一批移民来时，移民村条件不好，但他们坚持了下来。

（　　　）4. 现在，移民村已经发展成了移民小镇。

6 海上人家

位于中国东南部福建省的霞浦县面朝大海，陆地多山。这里有一片海湾，是很好的避风场所。

以前，这里的人们都以出海打鱼为生。从20世纪90年代开始，为了保护鱼类资源，中国规定，每年6到7月禁止出海打鱼，政府补给打鱼人一部分钱，并且支持人们利用这里优良的水质，发展海上养鱼。

于是，人们建起了用于海上养鱼的设施——渔排，还在自家渔排上建起了房屋，吃住在海上。比起出海打鱼，养鱼自然是又安全又收入高。因此，从事海上养鱼的人越来越多，出海打鱼的人只是少数了。

现在，这里的渔排已经有近千家。近千座房屋漂浮在海上，晚上亮起灯，远看就像一座海上小城。养的鱼种类不同，渔排分布也有所不同，是分片分区的。有些渔排多家相连，相邻而居；有些隔着一定的距离，形成了一条条"街道"。

渔排上的房屋比陆地上的矮一点，还算结实，大多有两个房间，里面的设施也很全，足够一家人生活。

　　这里吃水不是问题，有供水轮船供应纯净水和其他生活用水。购物也不是问题，"街道"上有售货船，一条售货船就是一个超市，吃的、用的，各种商品，样样都有。渔排上的人大声喊一下，售货船就开过来，现场购物。垃圾处理也不是问题。养鱼人明白，海上养鱼靠的是优良的水质，他们必须养成不乱扔垃圾的习惯，否则就不会有收获。所以，这里有专门的船来收垃圾，然后送到陆地上，统一处理。

　　虽然没有出海打鱼危险，但是在海上，养鱼人的工作还是很忙的。早上起床后，人们就开始了一天的工作：加工鱼食、喂鱼、修理渔排……一年又一年的风吹日晒，使养鱼人的性格变得十分坚强。一般的刮风下雨、渔排摆动不稳、家具摇来摇去，这都不算什么。只有每次大风要来的时候，他们才必须到陆地上住几天。如果不幸风太强，他们大半年的付出很可能被风吹走。

　　然而，也许他们早已习惯了这种生活方式，不愿意放下这片海湾，当大风一过，他们又会回到渔排上。因为，在他们的心里，只有渔排才是家，而家，是永远不能放弃的。

本级词

位于 wèiyú | to be located

县 xiàn | county

陆地 lùdì | land

避 bì | to avoid

禁止 jìnzhǐ | to forbid

优良 yōuliáng | good

于是 yúshì | hence, thereupon

设施 shèshī | facilities

种类 zhǒnglèi | kind, type

分布 fēnbù | to distribute

隔 gé | to separate

街道 jiēdào | street

矮 ǎi | short, low

轮船 lúnchuán | ship

供应 gōngyìng | to offer

纯净水 chúnjìngshuǐ | purified water

售货 shòuhuò | to sell (goods)

垃圾 lājī | garbage, rubbish

养成 yǎngchéng | to form(a habit), to cultivate

否则 fǒuzé | otherwise

统一 tǒngyī | unified, united

喂 wèi | to feed

修理 xiūlǐ | to repair

晒 shài | to bask

摆动 bǎidòng | to sway

稳 wěn | stable

摇 yáo | to swing

付出 fùchū | payout

超纲词

海湾 hǎiwān | bay, gulf

打鱼 dǎyú | fishing; to catch fish

渔排 yúpái | fishing raft

漂浮 piāofú | to float

不幸 búxìng | unlucky

放弃 fàngqì | to give up

练 习

一、 按时间顺序排列当地人不同时期的生活方式。

Rearrange the local people's modes of life in chronological order.

A. 出海打鱼的人只是少数了。

B. 人们都以出海打鱼为生。

C. 从事海上养鱼的人越来越多。

(   ) → (   ) → (   )

二、 根据文章选择正确答案。

Choose the correct answer according to the article.

A. 供水船＿＿＿＿＿＿＿＿　　　　　a. 鸡蛋

　　　　　　　　　　　　　　　　b. 空鸡蛋盒

　　　　　　　　　　　　　　　　c. 吃水

B. 售货船＿＿＿＿＿＿＿＿　　　　　d. 香蕉

　　　　　　　　　　　　　　　　e. 香蕉皮

C. 垃圾船＿＿＿＿＿＿＿＿　　　　　f. 洗菜

三、 根据文章判断正误。

Tell right or wrong according to the article.

(   ) 1. 文中说的海湾位于中国东南部。

(   ) 2. 中国规定每年6到7月禁止出海打鱼，是为了发展养鱼业。

(   ) 3. 渔排上的生活很不方便。

(   ) 4. 海上养鱼主要靠的是优良的水质。

(   ) 5. 海上养鱼人最怕的是海上的强风。

7 "绿色长城" 的建设者

每年夏天，总有很多人前往塞罕坝^{Sàihǎnbà}国家森林公园旅游，这里距离北京不到两百公里，绿树似海，风景美丽。

也许您不知道，这112万亩森林是世界上最大的人工林。您更想不到，20世纪60年代初，这里还是几乎没人居住的荒山，北连浑善达克沙地^{Húnshàndákè Shādì}，环境非常不好。每年冬春，北风刮起，满天飞沙，向南直吹到北京。更可怕的是，沙地在不断向南移动，有专家预测：如果不采取措施，按照当时的移动速度，五十年内浑善达克沙地就会扩展到北京城脚下！

1962年，中国做出了建设塞罕坝林场的决定。三百多名建设者来到这里，开展植树造林。他们是第一代塞罕坝人，平均24岁，19岁的陈彦娴^{Chén Yánxián}就是其中之一。

塞罕坝年平均气温零下1.3度，最低气温可下降到零下40度。陈彦娴说，最初来到塞罕坝时，连房子都没有，冬天到处是冰雪。早上起来，被子都能冻住，生活条件非常差。最让人痛苦的是，由于缺少在寒冷地区造林的经验，他们在头两年种下的树，大部分都死了。然而，建设者们克服困难，引进树种，改进造林方法，成功种活了第一批松树。到1982年，建设者们在荒山和沙地上造林96万亩，植树一共3.2亿棵。如今，陈彦娴早已退休，她很想念林场，因为那里有她付出的青春。

第一代塞罕坝人不怕困难的精神传给了第二代塞罕坝人。20世纪80年代的防火员赵福洲^{Zhào Fúzhōu}、陈秀玲^{Chén Xiùlíng}夫妻，每年都要在没有水、电的观察台上住几个月。在每年5个月的防火期里，防火员们每隔15分钟就要爬楼梯上高台观察一次，一天就要

96次，一刻不能粗心。这种苦一般人是受不了的。赵福洲说，他们要守住第一代塞罕坝人种下的这片森林。六十年来，共有近二十对夫妻守过观察台，塞罕坝林场没有发生过一次森林火灾。

2005年，林学专业的大学毕业生于士涛 Yú Shìtāo 成为第三代塞罕坝人。因为这里离城市很远，他刚来时非常不适应。慢慢地，他的心定了下来。十几年来，他完成了多个研究项目。他说，他要用现代科技守好这片森林。虽然如今的塞罕坝工作、生活已不像以前那样苦，但他们不怕困难的精神却没有改变。

六十年来，三代塞罕坝人用他们建设的"绿色长城"大大改善了自然环境，保护了千千万万人的蓝天白云。

本级词

移动 yídòng | to move

预测 yùcè | to predict

措施 cuòshī | measure

扩展 kuòzhǎn | to extend

植 zhí | to plant

平均 píngjūn | average

之一 zhīyī | one of ...

下降 xiàjiàng | to fall

最初 zuìchū | at the beginning, first

冰雪 bīngxuě | ice and snow

寒冷 hánlěng | cold

引进 yǐnjìn | to introduce (from elsewhere)

松树 sōngshù | pine tree

棵 kē | measure word (for plants)

想念 xiǎngniàn | to miss

青春 qīngchūn | youth

夫妻 fūqī | couple

楼梯 lóutī | stairs

粗心 cūxīn | careless

苦 kǔ | bitter, hardship

受不了 shòubuliǎo | cannot bear

守 shǒu | to guard

毕业生 bìyèshēng | graduate

定 dìng | to settle down

研究 yánjiū | to research

项目 xiàngmù | project

改善 gǎishàn | to improve

超纲词

亩 mǔ | mu, a traditional unit of area

林场 línchǎng | forestry center

冻 dòng | to freeze

火灾 huǒzāi | fire (as a disaster)

蓝天 lán tiān | blue sky

练 习

一、选词填空。

Fill in the blanks with the words given below.

1. 塞罕坝位于北京的哪个方向？（　　　）

    A. 东边　　　　　B. 西边　　　　　C. 南边　　　　　D. 北边

2. 塞罕坝 _____。

    A. 经常下雨　　　　　　　B. 南边是沙地

    C. 气候温暖适合种树　　　D. 现在是国家森林公园

二、把正确答案填入表中。

Fill in the table with correct answers.

A. 赵福洲夫妻   G. 住没有水、电的观察台

B. 于士涛   H. 没有房子住

C. 陈彦娴   I. 缺少在寒冷地区造林的经验

D. 离城市很远   J. 完成多个研究项目

E. 15分钟爬一次高台   K. 造林96万亩

F. 种的树大部分都死了   L. 没有发生过火灾

塞罕坝人	代表	困难	成就
第一代			
第二代			
第三代			

8 成都人和茶馆

    假如有人问，世界上哪个城市的茶馆最多，那么答案一定是成都。早在1935
年，成都的一家报纸曾经做过统计，成都总共有茶馆599家，每天茶客达12万人
之多，而根据记载，当时全市人口还不到六十万。现在，成都人口已经超过两
千万了，如果你在手机地图上搜索"茶馆"二字，你会吃惊地发现：成都竟然有
近万家茶馆！尤其是在老城，任何一条街道上都能找到茶馆。成都的茶馆有大有
小，小的只有几张桌子，而最大的茶馆叫"鹤鸣茶社"，在一个公园内，有三千
个座位！

    在成都，不仅来茶馆的人多，茶客在里面坐的时间也长。很多茶客一早就来
到茶馆，坐到中午才回家。有些茶客吃过午饭又回茶馆了。有些茶馆除了卖茶，
还会提供些零食，有的茶馆还提供午饭。中午不愿离开的茶客可以直接在茶馆
吃。所以有人说，很多成都人的日子是在茶馆里度过的。

    一直以来，茶馆都是成都人的交际活动场所，在这里能看到各种各样的人。

生意人可以在此谈生意，帅哥、美女可以到此约会，老人们可以在此打发时间。可以说，茶馆是个小成都，成都是个大茶馆。

据说有一个生意人，以前每年要花钱租办公室，接待客人还要去茶馆。后来，他就在茶馆里租了一个房间，办公和谈生意都在这里，又省钱又方便。

有一家茶馆，曾经很长一段时间都是成都记者们的聚会地点，自然也就成了他们交流信息的场所和获取信息的来源地。于是，来不及去现场的记者直接去这家茶馆，就能从去过现场的记者手中得到消息。

以前，茶馆的老板、服务员长期生活在茶馆，见多识广，地方上的人和事他们都了解，因此被茶客称为"茶博士"。

老人更是成都老茶馆的常客。每天一大早，这些老茶馆里就坐满了老茶客。他们在这里说着过去的故事，怀念着过去的老友，上议国家大事，下论家长里短，过着平静的慢生活。

有一位作家曾经问成都茶馆里的一位老人，为什么喜欢来茶馆喝茶。老人微笑着说，在这里感到轻松舒适，不然为什么茶馆里有这么多人呢？

一代又一代，茶馆已经成为成都人生活中不可缺少的一部分。

本级词

假如 jiǎrú | if	约会 yuēhuì | to make an appointment
答案 dá'àn | answer	聚会 jùhuì | gathering
统计 tǒngjì | to count	获取 huòqǔ | to obtain
总共 zǒnggòng | in all	来源 láiyuán | source
根据 gēnjù | according to	来不及 láibují | not have enough time to do sth
记载 jìzǎi | record	
吃惊 chījīng | to be surprised/shocked	地方 dìfāng | locality
竟然 jìngrán | unexpectedly	了解 liǎojiě | to know (well)
些 xiē | some, a few	怀念 huáiniàn | to think of
零食 língshí | snack	议论 yìlùn | to discuss, to talk about
交际 jiāojì | to associate	平静 píngjìng | calm, peaceful
此 cǐ | this, here	微笑 wēixiào | to smile
帅哥 shuàigē | handsome boy/man	轻松 qīngsōng | relaxed
美女 měinǚ | beauty	不然 bùrán | otherwise

超纲词

搜索 sōusuǒ | to search (for)   博士 bóshì | doctor, expert

打发 dǎfa | to kill (time)

练习

一、选词填空。

Fill in the blanks with the words given below.

A. 总共   B. 根据   C. 统计   D. 答案

假如有人问，世界上哪个城市的茶馆最多，那么 _____ 一定是成
都。早在1935年，成都的一家报纸曾经做过 _____，成都 _____ 有茶
馆599家，每天茶客达12万人之多，而 _____ 记载，当时全市人口还不到
六十万。

二、根据文章选择正确答案。

Choose the correct answer according to the article.

1. 为什么有人说很多成都人的日子是在茶馆里度过的？（   ）

   A. 很多成都人吃、住在茶馆。   B. 房子租给茶馆收的房租高。

   C. 成都茶客在茶馆的时间长。   D. 很多成都人依靠开茶馆生活。

2. "茶馆是个小成都"这句话的意思是：_____。

　　A. 成都茶馆里卖地方小吃　　　　B. 成都茶馆的面积非常大

　　C. 成都茶馆装修有地方特色　　　　D. 成都茶馆里能看到各种人

三、根据文章判断正误。

　　Tell right or wrong according to the article.

　　（　　　）1. 现在成都有近千家茶馆。

　　（　　　）2. 成都记者可以在茶馆里获取新闻信息。

　　（　　　）3. 以前的成都茶馆服务员见多识广。

　　（　　　）4. 成都人比较喜欢现代化的快生活。

9 维吾尔族
农家乐

新疆位于中国西北部，是中国面积最大的省份，风景十分美丽。新疆有很多少数民族，其中人口最多的少数民族是维吾尔族，他们能歌能舞，热情好客。近些年来，政府提倡环境保护，促进旅游发展，给当地旅游业带来了宽广的发展空间。

阿卜力米提是新疆的一名维吾尔族农民。2018年，阿卜力米提的村子计划把离村不远的一个湖开发成风景区，把村子开发成民族旅游区。当地政府也打算把这里作为当地旅游的一张"名片"，于是投入资金进行基础设施建设，还支持村民做旅游服务业。

当时，阿卜力米提一家还主要靠种粮食和水果为生。村里发展旅游业以后，女儿因为会说汉语，做了导游，经常带着客人到村里参观。看着来村里的游客越来越多，他就想开办一个农家乐。农家乐就是农民在村里开办的饭店，一般的农家乐只能让客人吃饭，大型的农家乐不仅有吃有住，还提供其他旅游项目。夫妻俩认为，既然办，就办有吃有住、有特点的农家乐，这样才能增加收入。他们问女儿的意见，女儿也非常支持。

为此，阿卜力米提夫妻俩没少下力气。他们知道，想要有稳定的客源，就要诚信经营，必须让客人"住得舒服，吃得放心，玩得开心"。

他们申请到了一笔政府资金，把自家房屋的里里外外都进行了改造。房屋外面改成了典型的维吾尔族风格，还为每间客房都配了暖气和独立的卫生间，房间里的设施也很全。院子里，他们种上了美丽的花草。

2019年，阿卜力米提的农家乐开业了，名字叫"开心园"。他们做饭用的材料是自己家种的菜、瓜果，自己家养的鸡、羊。这些材料有丰富的营养，味道又好，客人都爱吃。有一位客人看上了他家的西瓜，要买一大箱，因为太沉了，阿卜力米提又帮他送到邮局寄回家。

在阿卜力米提夫妻俩的经营下，农家乐生意越来越好，他们也越干越有劲儿。

现在，阿卜力米提正计划着增加经营项目。他决定把家里的果园也开发出来，建成采摘园，客人可以自己体验采摘的乐趣。客人还可以自己动手，学习做维吾尔族小吃。这样，客人玩得就更有兴致了。

本级词

促进 cùjìn | to promote	稳定 wěndìng | stable
宽广 kuānguǎng | wide, vast	诚信 chéngxìn | honesty
空间 kōngjiān | space	申请 shēnqǐng | to apply
名片 míngpiàn | business card	典型 diǎnxíng | classical, typical
导游 dǎoyóu | tour guide	风格 fēnggé | style
大型 dàxíng | big, large	暖气 nuǎnqì | (central) heating system
俩 liǎ | both	西瓜 xīguā | watermelon
既然 jìrán | since	箱 xiāng | box
力气 lìqi | effort	沉 chén | heavy

邮局 yóujú | post office

寄 jì | to post, to send

有劲儿 yǒujìnr | to have strength

超纲词

提倡 tíchàng | to advocate

业 yè | industry

果园 guǒyuán | orchard

乐趣 lèqù | fun, joy

小吃 xiǎochī | snack

采摘 cǎizhāi | to pick

兴致 xìngzhì | interest, mood to enjoy

练 习

一、选词填空。

Fill in the blanks with the words given below.

A. 力气　　　B. 暖气　　　C. 典型　　　D. 申请

　　为办好农家乐，阿卜力米提夫妻俩没少下 _____。他们 _____ 到了一笔政府资金，把自家房屋的里里外外都进行了改造。房屋外面改成了 _____ 的维吾尔族风格，还为每间客房都配了 _____ 和独立的卫生间，房间里的设施也很全。

二、根据文章选择正确答案。

Choose the correct answer according to the article.

村里发展旅游业以前，阿卜力米提一家的收入主要靠 _____。

A. 开小饭馆　　　　　　　　　　B. 女儿做导游

C. 种粮食和水果　　　　　　　　D. 开大型农家乐

三、把正确答案填入表中。

Fill in the table with correct answers.

A. 把果园建成采摘园。

B. 做饭用的材料是自己家种的菜、瓜果，自己家养的鸡、羊。

C. 院子里，他们种上美丽的花草。

D. 每间客房都配了暖气和独立的卫生间。

E. 房屋外面改成典型的维吾尔族风格。

F. 客人还可以自己动手，学习做维吾尔族小吃。

为了让客人	住得舒服	吃得放心	玩得开心
经营措施			

10 科学家袁隆平的梦想

水稻是中国最重要的粮食作物，中国是世界上最早开始种植水稻的国家，已经有近万年的历史了。但是，直到20世纪60年代，水稻产量仍然很低，每亩三百公斤就算不错的了。然而，中国一直是人口大国，粮食需求量非常大。历史上，缺少粮食时，穷人吃树叶是常见的事，饿死人的事也常有发生。

总之，"吃饭"是中国长期以来最大的问题。以前，很多外国经济学家认为，中国的粮食必须依靠进口。他们提出过一个疑问：21世纪谁来养活中国人？

"让所有人都吃饱饭"——这个在当时看来不可能实现的梦想，使一位中国青年开始了他一生的追求。他就是后来成为农业科学家的袁隆平。 *Yuán Lóngpíng*

1949年，19岁的袁隆平考入一所农学院，学习遗传工程专业。作为新中国第一批农学大学生，他下决心要解决粮食增产问题，让人们不再饿肚子。

通过长期的观察和思考，袁隆平提出了一项中国人没做过的研究：培育杂交水稻。虽然花了很大精力，但他最初的试验却失败了。他的研究方向受到了很多专家的怀疑。有人说，有一些外国专家研究过杂交水稻，但都失败了，这是世界级的难题，不可能成功。

然而，袁隆平并没有停止研究。别人研究不出来，他就一定也研究不出来？他不相信！为了延长可试验时间，他把试验田安排在了一年四季都比较热的海南。有时候，观察实验需要在中午才能达到最好的效果，而在火热的太阳下，稻田里的气温高达四五十度。但是，袁隆平仍然坚持在试验田里认真地进行观察、测量。在实验期间，如果有人找他，他会说："我不是在试验田，就是在去试验田

的路上。"他曾经做了一个梦：田里的水稻比人还高，他和同事们坐在又高又密的水稻下休息……

就这样，经过很多年的努力，袁隆平终于在1973年培育出了第一批高产杂交水稻的种子。后来，他又在此基础上培育出了超级水稻，每亩产量最高可达1 500公斤，与20世纪60年代相比，翻了五倍。解决了中国人的"吃饭"问题！很多人认为，他培育的水稻，可以列为中国古代"四大发明"之后的"第五大发明"。

袁隆平还把杂交水稻推广到世界上很多国家，解决了更多人的"吃饭"问题。

2021年，袁隆平逝世了，但我们相信，"让所有人都吃饱饭"——他的梦想一定会实现！

本级词

梦想 mèngxiǎng | dream

种植 zhòngzhí | to plant

历史 lìshǐ | history

穷人 qióngrén | the poor

树叶 shùyè | leaf

总之 zǒngzhī | in a word, in brief

依靠 yīkào | to depend (on)

进口 jìnkǒu | import

疑问 yíwèn | question, problem

追求 zhuīqiú | to pursue

遗传 yíchuán | heredity

肚子 dùzi | belly, tummy

思考 sīkǎo | to consider, to think (deeply)

项 xiàng | item

培育 péiyù | to cultivate

精力 jīnglì | energy

失败 shībài | to fail

怀疑 huáiyí | doubt

延长 yáncháng | to extend, to prolong

季 jì | season

测量 cèliáng | to measure

期间 qījiān | time, period

做梦 zuòmèng | to have a dream

密 mì | dense, thick

翻 fān | to turn

倍 bèi | times

列为 lièwéi | to be classified as

超纲词

作物 zuòwù | crop

水稻 shuǐdào | rice

杂交 zájiāo | to hybridize

田 tián | field

逝世 shìshì | to pass away

练习

一、选词填空。

Fill in the blanks with the words given below.

A. 项　　　　B. 失败　　　　C. 精力　　　　D. 怀疑　　　　E. 培育

通过长期的观察和思考，袁隆平提出了一 _____ 中国人没做过的研究：_____ 杂交水稻。虽然花了很大 _____ ，但他最初的试验却 _____ 了。他的研究方向受到了很多专家的 _____ 。

二、根据文章选择正确答案。

Choose the correct answer according to the article.

1. 袁隆平为什么把试验地点安排在了海南？（　　　）

    A. 那里的粮食不够吃。   B. 那里人种水稻经验丰富。

    C. 那里可进行试验的时间长。   D. 那里景色美丽、空气新鲜。

2. "他培育的水稻，可以列为中国古代'四大发明'之后的'第五大发明'。"这句话的意思是：＿＿＿＿＿＿。

    A. 他的研究难度巨大   B. 他的研究成果意义重大

    C. 古代发明家对他的影响很大   D. 从他开始才有真正的农业科学

三、根据文章判断正误。

Tell right or wrong according to the article.

（　　　）1. 中国人是世界上最早开始种水稻的。

（　　　）2. 袁隆平大学期间学习建筑工程专业。

（　　　）3. 袁隆平研究杂交水稻的过程比较顺利。

（　　　）4. 世界上其他国家没有人种袁隆平培育的杂交水稻。

11 最美护士

一天中午，护士杨琴（Yáng Qín）在一家饭店吃饭。刚吃了一会儿，她突然听到有人喊"快来救人"。原来，饭店里一位老人突然倒在地上。于是，杨琴立刻跑过去救人。当时，老人已经几乎没有呼吸了，她快速解开老人的衣服，对老人进行人工呼吸。渐渐地，老人有了呼吸声。救护车把老人接走后，她才默默离开现场。

杨琴当护士，是因为小时候听妈妈讲的一个故事：一百年前，在战争中，很多士兵受伤并不重，却在战地医院里死去。护士南丁格尔发现，这是由于当时的社会不重视护士，护士的医学知识很少，导致很多伤兵死在医院。于是，南丁格尔帮助战地医院里的护士学习医学知识，提高技术，很多伤兵因此活了下来。士兵们看到她晚上提着灯出现在病房里，好像看到了希望，就称她为"提灯天使"。这个故事深深地影响了杨琴，让她选择了护士职业。

刚进医院时，医院对新护士的要求很严格，每个月都开展一次技术测试。她认真学习，顺利地通过了所有测试。后来，她分到了手术室工作。她发现，那里的实际工作比她想的更累。手术室经常有危重病人，也经常加班，最多的时候她一天参加了十个危重病人的手术。因为怕下午迟到，午饭只花十几分钟；因为没空去洗手间，不敢多喝水。但是，她每天都认真地完成医院里的工作。

最让杨琴难忘的经历，是2020年春天在武汉（Wǔhàn）工作的那两个月。那时，武汉发生了疫情，需要大量的医护人员。杨琴推迟了结婚日期，第一个报名，并申请去了最危险的地方。25岁的她也为自己的安全担心，但是她明白，她的身份是护士，护士不仅需要知识和技术，更需要责任心，她必须承担起这份责任。想到这里，她就像战士一样充满了勇气。

当时，很多病人担心自己的病是否能治好，心理负担很重，这对治疗非常不利。于是，杨琴鼓励每一个病人，帮他们战胜病情。她还热情地跟大家一起唱歌、跳舞，这样让病人既锻炼了身体，又放松了心情。在她的照顾下，病人最后都出院了。

一位病人出院前给她写了一封感谢信，信中说："你没有把我们看成病人，而是看成了亲人。在我眼中你是最美的护士！"

本级词

护士 hùshi | nurse

呼吸 hūxī | breath

默默 mòmò | quietly

战争 zhànzhēng | war

士兵 shìbīng | soldier

医学 yīxué | medicine

导致 dǎozhì | to cause, to lead to

选择 xuǎnzé | to choose

严格 yángé | strict

测试 cèshì | test

手术 shǒushù | surgery

加班 jiābān | to work overtime

迟到 chídào | to be late

推迟 tuīchí | to postpone

担心 dānxīn | to worry

身份 shēnfèn | identity

承担 chéngdān | to bear, to undertake

战士 zhànshì | soldier

勇气 yǒngqì | courage

治 zhì | to cure

心理 xīnlǐ | mentality

负担 fùdān | burden

治疗 zhìliáo | to treat, to cure

战胜 zhànshèng | to defeat

既 jì | as well as

锻炼 duànliàn | to take exercise

放松 fàngsōng | to relax

超纲词

救护车 jiùhùchē | ambulance

天使 tiānshǐ | angel

疫情 yìqíng | epidemic

鼓励 gǔlì | to encourage

练 习

一、选词填空。

Fill in the blanks with the words given below.

A. 战胜　　　　B. 是否　　　　C. 负担　　　　D. 放松　　　　E. 锻炼

　　当时，很多病人担心自己的病 _____ 能治好，心理 _____ 很重，这对治疗非常不利。于是，杨琴鼓励每一个病人，帮他们 _____ 病情。她还热情地跟大家一起唱歌、跳舞，这样让病人既 _____ 了身体，又 _____ 了心情。

二、根据文章选择正确答案。

Choose the correct answer according to the article.

1. 杨琴当护士是因为：_____。

    A. 妈妈也是护士   B. 她从小多病常去医院

    C. 受到妈妈讲的护士故事的影响   D. 医院的工作环境和待遇都不错

2. 文章第三段关于杨琴在手术室工作情况的描写, 主要是为了说明:_____。

    A. 她的技术很优秀   B. 工作很累，但她很努力

    C. 手术室在医院中非常重要   D. 医院对新护士的要求很严格

三、根据文章判断正误。

Tell right or wrong according to the article.

（   ）1. 杨琴在饭店救的那位老人没有救活。

（   ）2. 一百年前，社会不重视护士工作。

（   ）3. 杨琴结婚后不久就报名去了武汉。

（   ）4. 杨琴去武汉工作是因为责任心。

45

12 回乡创业的"九零后"

　　"刘经理，你们订的<u>有机肥料</u>，下星期就能准备好。"

　　"五百斤肥料，你们下午就可以来拉<u>货</u>。"

　　……

　　天天农业科技<u>有限</u>公司老板<u>李天宝</u>（Lǐ Tiānbǎo）接受记者<u>采访</u>时，正是果农、菜农大量需要有机肥料的时候，所以，他的手机不停地响，联系生意的电话一个接一个。

　　"我大学毕业的时候，没有想过要回老家创业，更没有想过做有机肥料这个<u>行业</u>。"李天宝对记者说。

　　1991年，<u>李天宝</u>出生在<u>河南</u>省西部农村，那里人口多、土地少，人们不穷不富，生活水平一般。像大多数当地农民一样，<u>李天宝</u>的父亲在地里种<u>玉米</u>之类的粮食，还在家里养了几十只羊。在地里干活儿很苦，养羊更是又累又脏。父亲希望李天宝好好读书，有一天能够做个"城里人"，将来坐在办公室里，每月拿工资，又轻松又干净。

李天宝读书很努力，19岁时考入了郑州大学学习植物学。四年后，大学毕业的他在郑州附近找到了一份很不错的工作，在一家大型水果种植园做技术员。儿子终于做了"城里人"，他父亲心里非常高兴。

在水果种植园工作期间，李天宝发现，有机肥料大有用途，是未来的发展潮流，却很少有企业生产。他忽然想到，他的家乡几乎家家户户都养羊养鸡，有着大量生产有机肥的原料。他找到了解决矛盾的方法，也看到了这个巨大的商业机会。

"这个发现促使我下决心回乡创业，生产有机肥！"李天宝说。

父亲知道后非常吃惊，对他说："你放着大城市技术员不干，回农村扫羊粪？不行！"

后来，他说服了父亲。李天宝工作那三年存下的钱不多，父亲就卖掉了家里的羊，父子俩一起干起了有机肥。

村里人听说羊粪、鸡粪还能卖钱，就纷纷给李天宝家里送了来。李天宝根据不同植物的需要，把收来的原料用科学方法加工成多种系列有机肥，连以前被当做垃圾随手扔掉的玉米叶、树叶等农业垃圾和生活垃圾，都加工成了有机肥。

由于具有针对性，这些有机肥的效果非常明显，产品的销售也很火，一些大型的种植园都成了李天宝的客户。

"有机肥这个行业在中国大有前途，"今年32岁的李天宝说，"我要痛痛快快地大干一场，争取做中国最大的有机肥料企业！"

本级词

货 huò | goods

有限 yǒuxiàn | limited

采访 cǎifǎng | to interview

行业 hángyè | industry

玉米 yùmǐ | corn

植物 zhíwù | plant

附近 fùjìn | neighbourhood

用途 yòngtú | use

潮流 cháoliú | trend tide

企业 qǐyè | enterprise

原料 yuánliào | raw materials

促使 cùshǐ | to urge

扫 sǎo | to clean, to sweep

说服 shuōfú | to persuade

纷纷 fēnfēn | one after another

多种 duōzhǒng | various

系列 xìliè | series

随手 suíshǒu | conveniently

叶 yè | leaf

产品 chǎnpǐn | product

销售 xiāoshòu | sale

前途 qiántú | future, prospect

痛快 tòngkuai | joyful, to one's great satisfaction

超纲词

九零后 jiǔlínghòu | the generation born in 1990s

有机肥料 yǒujī féiliào | organic fertilizer

矛盾 máodùn | contradiction

粪 fèn | dung

客户 kèhù | client

练 习

一、选词填空。

Fill in the blanks with the words given below.

A. 多种　　　B. 原料　　　C. 纷纷　　　D. 随手

村里人听说羊粪、鸡粪还能卖钱，就 ＿＿＿＿＿＿ 给李天宝家里送了来。李天宝根据不同植物的需要，把收来的 ＿＿＿＿＿ 用科学方法加工成 ＿＿＿＿＿ 系列有机肥，连以前被当做垃圾 ＿＿＿＿＿ 扔掉的玉米叶、树叶等农业垃圾和生活垃圾，都加工成了有机肥。

二、根据文章选择正确答案。

Choose the correct answer according to the article.

1. 李天宝的父亲希望儿子做个"城里人"，因为他认为：＿＿＿＿＿＿＿。

　　A. 农村比较封闭保守　　　　　B. 在城里容易找到工作

　　C. 儿子更喜欢城市生活　　　　D. 在农村干活儿又累又脏

2. 文章第七段中，"他找到了解决矛盾的方法"，这个方法是：_____。

    A. 自己开一家种植园

    B. 回乡办有机肥料企业

    C. 开一家有机肥料进口公司

    D. 进入大型有机肥料公司工作

三、根据文章判断正误。

Tell right or wrong according to the article.

（   ）1. 李天宝刚毕业的时候就打算干有机肥行业。

（   ）2. 李天宝大学学的是植物学专业。

（   ）3. 父亲始终支持李天宝回乡创业的想法。

（   ）4. 李天宝公司的产品很受欢迎。

（   ）5. 李天宝对有机肥行业的前途很乐观。

13 爱学习的 农民工

　　20世纪80年代，中国的工业化和城市化速度加快，需要大量的工人，因此，一批批农民走进城市打工，他们常被称为"农民工"。

　　1986年，张兵出生在陕西省的一个小山村。12岁时他父亲去世了。17岁时，初中毕业的张兵被迫承担起了生活重任。他背着行李，跟着一位邻居来到西安的一个工地打工。

　　建筑工地上有很多种工作：从不需要任何技术的小工，到各种技术员、工程师，技术含量各不相同。技术含量高的，收入自然就高。由于没有技术，张兵只能从最普通的小工干起。为了多拿加班费，他每天工作12个小时，每天下班后累得倒头就睡。就这样过了一年，张兵觉得每天干活儿，又累又拿不了多少钱，没有前途。那位邻居说："当农民工就是这样，这都是命运，不要想什么前途。"

　　然而，张兵却梦想着有一天自己也能干上技术工作。他想学习建筑学，还想学机器维修。于是，他从不多的收入里拿出钱买书，利用业余时间自己学习。但是，这对只有初中文化的张兵来说，比登天还难，书上的专业词语和那些图案、标志什么的，看得他脑袋疼。在旁边玩闹的几个工人，见他边读书边写写画画，就说："别学了，你一个农民工，再怎么学也没用。"而他并不在乎，还给自己加油："只要愿意学，不信有搬不动的石头。"为了学到技术，张兵总是主动给技术员帮忙，看书遇到疑问就向技术员请教。技术员们看他那么爱学，都愿意教他。几年来，他读过的专业书有几十本。

　　靠着这种精神，张兵花了五年的时间，终于拿到了建筑专业的技术资格证，从小工成长为技术员。后来，他又担任了工地的技术队长。

　　他十分重视对农民工兄弟的技术培养，带他们去参加培训，还带领大家参加农民工技术比赛。在生活中，他总是很热心。农民工兄弟家里遇到什么急事，只要他知道了，一定会尽力去帮忙。

　　有些农民工兄弟向他反映，他们的合法权利受到伤害时不清楚如何维护。于是，张兵开始自己学习法律，免费为他们提供法律咨询。现在，他正打算考律师资格证，将来成为农民工律师。

　　张兵说："只要爱学习，农民工的前途也可以是无限的。"

本级词

被迫 bèipò | to be forced	闹 nào | to play
含量 hánliàng | content	不在乎 búzàihu | not to mind
维修 wéixiū | to maintain, to repair	担任 dānrèn | to take charge of
业余 yèyú | spare (time)	兄弟 xiōngdì | brothers
登 dēng | to climb	培养 péiyǎng | to cultivate
图案 tú'àn | pattern	培训 péixùn | training
标志 biāozhì | sign, mark	热心 rèxīn | warm-hearted
脑袋 nǎodai | head	反映 fǎnyìng | to tell, to report

权利 quánlì | right   法律 fǎlǜ | law

伤害 shānghài | to harm, to hurt   律师 lǜshī | lawyer

维护 wéihù | to defend, to protect   无限 wúxiàn | infinite

超纲词

工地 gōngdì | construction site   咨询 zīxún | to consult

建筑 jiànzhù | architecture

练 习

一、选词填空。

Fill in the blanks with the words given below.

A. 伤害　　　　B. 兄弟　　　　C. 咨询　　　　D. 律师　　　　E. 维护

　　有些农民工 _____ 向他反映，他们的合法权利受到 _____ 时，不清楚如何 _____。于是，张兵开始自己学习法律，免费为他们提供法律 _____。现在，他正打算考 _____ 资格证，将来成为农民工律师。

二、根据文章选择正确答案。

Choose the correct answer according to the article.

1. 下面哪句话是对张兵学习精神的描述：_____。

    A. 一个农民工，再怎么学也没用

    B. 只要愿意学，不信有搬不动的石头

    C. 朋友们家里遇到什么急事，他一定会尽力帮忙

    D. 当农民工就是这样，这都是命运，不要想什么前途

2. 张兵考建筑专业技术资格证时，主要的学习方式是：_____。

    A. 问工人朋友

    B. 参加培训班

    C. 自己学和请教技术员

    D. 在农民工业余学校学习

三、根据文章判断正误。

Tell right or wrong according to the article.

（   ）1. 走进城市打工的农民常被称为"农民工"。

（   ）2. 张兵刚开始做的是没有技术含量的工作。

（   ）3. 张兵后来成了建筑公司的老板。

（   ）4. 张兵很重视对农民工兄弟的技术培养。

14 十四岁的**奥运冠军**

2021年8月5日，<u>东京</u>奥运会<u>跳水</u>10米台决赛，14岁的女<u>运动员</u><u>全红婵</u>，用五^{Quán Hóngchán}个动作三个满分的好成绩，打败所有对手，征服了观众，赢得了金牌。

比赛结束后，电视记者问她最想做什么。她说："当然是要吃很多好吃的啊。"观众们看到她天真的样子，都喜欢上了这个单纯可爱的小姑娘。

全红婵的家在广东省<u>湛江市</u>的一个农村。这样的村子，在中国土地上普通得^{Zhànjiāng}不能再普通了。但她的跳水天赋，却被湛江市体育学校教练陈华明发现了。

2014年，一群小学生正在做游戏，一个身材矮小的小姑娘吸引了陈教练的注意。就这样，七岁的<u>全红婵</u>进入了体育学校，开始学习跳水。

<u>全红婵</u>每天花三四个小时练习跳水，其他时间学习文化知识。受学校设施的限制，训练只能在室外进行。跳板是铁制的，夏天被晒得很热，她只能用毛巾挤

水让跳板凉下来，然后站在太阳下，一次次跳入水中。

对于初学的孩子来说，跳水最大的问题是害怕，全红婵用了最笨的方法——多练。当然，这个方法也是最有效的。

有记者问她："把水花压得这么好的秘密是什么？"她诚实地回答说："慢慢去练。"

全红婵是同学中第一个登上3米板的，接着是5米台、7米台，两年后，她又第一个站上了10米台。陈教练说："她的成功不是因为临时发挥得好，而是在于不断地努力。"

由于成绩优秀，2018年全红婵进入广东队，2020年进入国家队。在那里，教练们对她进行了更科学、更系统的训练，全红婵的成绩也因此得到了快速提高。2021年，她获得了奥运金牌。

这块金牌也离不开家人的支持。

全红婵来自一个七口之家，母亲在2017年因为交通事故失去了劳动能力，整个家庭的收入来源几乎全靠父亲一双手，以及政府的帮助。

有人问全红婵的父亲为什么把孩子送去学跳水，他说："孩子喜欢，当然要支持。"在母亲的眼里，全红婵是个好女儿，每次休息回家，她都帮着父亲在地里干活。

女儿成为名人后，一些社会企业愿意拿出钱帮助他们家。全红婵的父亲全部拒绝了，他表示："我要爱护孩子，不想消费孩子，希望孩子能够好好训练，好好接受教育，将来考上好的大学。"全红婵的身上也有父亲的影子，冷静、坚强。

全红婵家人的态度，让我们看到她的未来之路会更加宽广。

本级词

运动员 yùndòngyuán | athlete

打败 dǎbài | to defeat

征服 zhēngfú | to conquer

赢得 yíngdé | to gain, to win

天真 tiānzhēn | innocent

单纯 dānchún | simple, pure

矮小 ǎixiǎo | short and small

吸引 xīyǐn | to attract

限制 xiànzhì | limit, restriction

毛巾 máojīn | towel

笨 bèn | stupid

秘密 mìmì | secret

诚实 chéngshí | honest

临时 línshí | temporary

发挥 fāhuī | to bring into play

在于 zàiyú | to lie in

系统 xìtǒng | systematic

眼里 yǎnli | in one's eyes

名人 míngrén | celebrity

爱护 àihù | to care for

影子 yǐngzi | shadow, reflection

超纲词

奥运 Àoyùn | Olympic Games

冠军 guànjūn | champion

跳水 tiàoshuǐ | diving

天赋 tiānfù | talent

练 习

一、选词填空。

Fill in the blanks with the words given below.

A. 赢得　　　　B. 运动员　　　　C. 天真　　　　D. 打败

14岁的女 _____ 全红婵，用五个动作三个满分的好成绩，_____ 所有对手，征服了观众，_____ 了金牌。比赛结束后，电视记者问她最想做什么。她说："当然是要吃很多好吃的啊。"观众们看到她 _____ 的样子，都喜欢上了这个单纯可爱的小姑娘。

二、根据文章选择正确答案。

Choose the correct answer according to the article.

1. 全红婵压水花的秘密就是"慢慢去练"，这个例子说明：_____。

　　A. 她的成功在于努力　　　　　　　B. 她的跳水天赋很好

　　C. 她比赛时发挥得不错　　　　　　D. 她比赛时心理状态稳定

2. 文中划线的句子"<u>全红婵的身上也有父亲的影子</u>"，意思是：_____。

    A. 她长得像父亲

    B. 她的性格像父亲

    C. 她是父亲的好女儿

    D. 她的成功离不开父亲的支持

三、根据文章判断正误。

Tell right or wrong according to the article.

（   ）1. <u>全红婵</u>来自一个农村家庭。

（   ）2. <u>全红婵</u>其实并没有跳水天赋。

（   ）3. <u>全红婵</u>进入国家队后进步很快。

（   ）4. <u>全红婵</u>的家庭比较富。

（   ）5. <u>全红婵</u>的父亲不想利用女儿得到好处。

15 高考

中国人普遍相信，教育改变命运。所以，对于几乎所有中国家庭来说，孩子的教育是最重要的事。

高考是全国大学的入学考试，统一在6月举行，大学根据高考分数选拔学生。高考是目前最公平的人才选拔制度，学生的命运往往因此而改变。

安徽省有一个"高考小镇"。很多年前，这里本来是一个普通小镇，但这里的中学教学水平比较高，很多学生考入了名校。慢慢地，越来越多的家长把孩子送到这所中学读书，很多没考上大学的学生，也被送到这所学校复习。现在，这所学校共有两万多名学生，八千多户外地家长租住在镇上，人数是当地人的两倍。

来自外地的男生吴东就在这所学校读高中。新鲜快乐的高一、丰富多彩的高二很快过去了，暑假结束后，就是高三了。为了让吴东能更好地吃饭、休息，父亲老吴在镇上租了房子。老吴在镇上打工，维持生活；吴妈妈专门在家照顾儿子的生活。夫妻俩要跟孩子一起度过高考前的这一年。

其实，老吴这也是为了完成他父亲吴爷爷的愿望。老吴当年高考时没有考上大学，他觉得家里经济条件不好，就想去南方打工。吴爷爷也想着他这样能早点儿工作，就没送他复习再考。可是，这些年来，老吴认识到，由于没上过大学，发展受到很大限制。深刻的教训促使他把吴东送到了这所中学。吴爷爷也非常后悔当年没有坚持送儿子复习再考，他最大的愿望就是看到孙子考上大学。

高三一开始，老师就召开了关于高三学习任务的主题班会，直接指明高三的任务——高考，并建议同学们各自定下目标，努力奋斗。他强调，高考是学生最关键的考试，不可避免，高三也会是人生最苦的阶段之一。

　　没有了多种多样的兴趣小组活动，没有了激烈的辩论会，没有了充满鲜花和加油声的运动会，高三生活变得单调而紧张。高一、高二已经把高中的课程学完了，高三的课程就是复习备考。复习的主要形式是无数次的考试，讲试卷，做练习题。

　　吴东每天早上6点起床，进行半小时锻炼，然后就开始早自习、上课、晚自习，晚上12点睡觉。每个同学的课桌上都放着厚厚的复习资料，同学们每天就在"书山"里苦读十几个小时。吴东是班里成绩比较好的同学。他十分在乎父母的感受，成绩稍有下降，就会在日记里批评自己。老师、父母见他心理压力太大，都告诉他要放松心情，正常发挥。

　　6月，高考来到了，吴东在老师和家长的祝福中参加了高考。一个月后，他被北京的一所大学录取了。

　　看着这张大学录取通知书，吴爷爷激动地说："吴家三代人的愿望终于实现了。"

本级词

新鲜 xīnxiān | fresh, new

暑假 shǔjià | summer holiday

维持 wéichí | to maintain, to keep

教训 jiàoxùn | lesson

孙子 sūnzi | grandson

召开 zhàokāi | to hold, to summon

关于 guānyú | about

主题 zhǔtí | theme, subject

避免 bìmiǎn | to avoid

阶段 jiēduàn | stage, period

多样 duōyàng | diversified

激烈 jīliè | intense

辩论 biànlùn | to argue, to debate

鲜花 xiānhuā | fresh flower

运动会 yùndònghuì | sports meet

单调 dāndiào | dull

无数 wúshù | countless

试卷 shìjuàn | test paper

厚 hòu | thick

资料 zīliào | material

在乎 zàihu | to care about

日记 rìjì | diary

祝福 zhùfú | blessing

录取 lùqǔ | to enroll, to admit

激动 jīdòng | excited

超纲词

高考 gāokǎo | the national college entrance examination

入学 rùxué | to enter a school

选拔 xuǎnbá | to select

后悔 hòuhuǐ | to regret

练 习

一、选词填空。

Fill in the blanks with the words given below.

　　　A. 辩论　　　B. 多种多样　　　C. 单调　　　D. 运动会

没有了 _____ 的兴趣小组活动，没有了激烈的 _____ 会，没有了充满鲜花和加油声的 _____，高三生活变得 _____ 而紧张。高一、高二已经把高中的课程学完了，高三的课程就是复习备考。

二、根据文章选择正确答案。

Choose the correct answer according to the article.

1. 文中那个本来很普通的小镇，为什么成了"高考小镇"？（   ）

   A. 历史上那个小镇的教育就很发达。

   B. 很多考入名校的学生老家在那个小镇。

   C. 那里的中学教学水平高，很多同学考入名校。

   D. 那里有多所中学，每年有很多学生参加高考。

2. 文中划线的句子"深刻的教训促使他……"中，"深刻的教训"指的是：_____。

   A. 吴东上一次高考失败了

   B. 老吴以前没有好好陪儿子

   C. 吴东以前上的中学教学水平低

   D. 老吴没上过大学，发展受到很大限制

三、根据文章判断正误。

Tell right or wrong according to the article.

（   ）1. 各个大学根据高考分数选拔学生。

（   ）2. 吴东考上大学是全家三代人的愿望。

（   ）3. 高三刚开始的班会主题是心理健康。

（   ）4. 吴东高考前没有太大的心理压力。

16 我是一个兵

　　一转眼，离开军营已有半年之久，我又回到校园，重新开始了大学生活。可是我知道，有些军营生活情景永远不会忘记，当兵两年带给我的也不仅仅是一段经历……

情景一：开往军营的列车

　　"一路平安！"两年多以前，在一个寒冷的早上，19岁的我告别生活了一年的大学校园，和另外二十多个同龄人一起，坐上了开往军营的列车。第一次穿军装的我们非常激动，对即将开始的军营生活充满了期待。看着车窗外的风景，我也有一些担心，不知道迎接我的会是怎样的挑战。

情景二：第一次训练

　　当兵的第一阶段是三个月的新兵训练，军姿是一切动作的基础。寒风中，我们在操场上训练站军姿。半小时后，我的脚开始发酸，小雪打湿了军装，我在心里默默念着：别放松，要坚持……一小时后，终于达到了班长要求的时间，可以休息一会儿了。可是，我的腿已经酸得不能动了。结束了一天的训练，我累得一点儿力气也没有了，一躺下就睡着了。

情景三：五十公里跑

传说中新兵最难过的关终于来了—— 一天内完成五十公里跑。全班的成绩不是按最快的那个计算，而是按最后一个到达的计算。跑到后半段，我们的双腿感觉已经不属于自己了。有两位战友累得实在不行了，其他战友就替他们背包，拉他们跑。就这样，我们互相帮助，一起完成了任务。我们明白了，个体是弱小的，战士的力量和勇气来自集体的团结。

情景四：生活细节

跟训练一样，军营生活方面的要求也很严格。房间每天都要整理，地要扫得干干净净，窗户要擦得像镜子，水杯要摆成一条线，被子要整理成"豆腐块"。班长会拿着尺子量，达不到标准就一遍遍地重新来。有的战士觉得这种做法有些无聊，班长告诉我们，不能忽视细节，这看起来简单的小事，能够培养我们对工作认真的态度。

情景五：当班长

由于平时训练成绩优秀，当兵一年半后，领导安排我当了班长，带一个新兵班。以前上学时，我没有当过班长，不过，我明白自己当新兵时的困难，明白新兵对班长的期待。于是，我就按照理想中的班长的样子去跟战友们相处。半年后，即将分别时，我们已经成了关系紧密的好兄弟。

情景六：告别军营

退伍的日子来了，我的心情和当初一样，对未来既有期待又有担心。不过，这一次我带着军营生活的经历，对自己有了更多的信心。脱下军装的那一刻，我并没有哭，不是因为不难过，而是想把自己最美的青春笑脸，留给最热爱的绿色军营。

本级词

情景 qíngjǐng | scene

即将 jíjiāng | soon

期待 qīdài | expectation

挑战 tiǎozhàn | challenge

酸 suān | aching

躺 tǎng | to lie

睡着 shuìzháo | to fall asleep

关 guān | barrier

个体 gètǐ | individual

弱 ruò | weak

细节 xìjié | detail

窗户 chuānghu | window

擦 cā | to wipe

镜子 jìngzi | mirror

摆 bǎi | to place, to lay

豆腐 dòufu | bean curd

尺子 chǐzi | ruler

量 liáng | to measure

无聊 wúliáo | boring

忽视 hūshì | to neglect

优秀 yōuxiù | excellent

相处 xiāngchǔ | to get along (with)

紧密 jǐnmì | close together

脱 tuō | to take off

超纲词

军营 jūnyíng | military camp

军姿 jūnzī | soldier's stance

战友 zhànyǒu | comrade-in-arms

退伍 tuìwǔ | to be discharged from the army

练 习

一、选词填空。

Fill in the blanks with the words given below.

A. 摆   B. 擦   C. 量   D. 豆腐

跟训练一样，军营生活方面的要求也很严格。房间每天都要整理，地要扫得干干净净，窗户要 _____ 得像镜子，水杯要 _____ 成一条线，被子要整理成"_____ 块"。班长会拿着尺子 _____，达不到标准就一遍遍地重新来。

二、根据文章选择正确答案。

Choose the correct answer according to the article.

1. 新兵们认为最难的一关是：_____。

    A. 半夜紧急集合   B. 雪地里站军姿

    C. 一天内完成五十公里跑   D. 被子要整理得像豆腐块

2. 作者离开军营的心情跟刚来时相比，不同之处是：_____。

    A. 有了更多的信心   B. 有了更多的担心

    C. 有了更多的期待   D. 有了更多的兴奋

三、根据文章判断正误。

Tell right or wrong according to the article.

（   ）1. 作者当兵以前是大学生。

（   ）2. 五十公里跑的成绩标准体现了集体的重要性。

（   ）3. 对生活方面的要求是为了培养对工作认真的态度。

（   ）4. 作者能当好班长是因为他上学时当过班长。

17 宝妈 开网店

我是一名三岁宝宝的妈妈，现在一边在家带孩子，一边开网店。

我和老公是在一起打工时认识的。有了孩子以后，本来我还想出去工作，但这样就必须请人来照顾孩子。一是因为不放心别人，二是因为请人的钱跟我的工资也差不多，所以我不得不自己带孩子。其中的苦和累，也许只有当妈妈的人才知道，好在老公非常理解我。

然而，渐渐地，我发现我变了。看着镜子里的自己，因为在家带小孩而忽视了打扮，变老了，身材变胖了，变得越来越没有自信。后来，我的性格也变了。老公工作忙，早出晚归，照顾不了家庭。我开始怀疑他，甚至对他发火。现在想来，这种变化的根本原因在于当时我认为带小孩、做家务不是有价值的事，赚钱必须依靠丈夫，没有安全感。

孩子快两岁时，带孩子的压力没那么大了，我就开始计划着要找点事情做，一方面是为了减少家庭负担，另一方面我也要实现自己的价值。经过考察，我觉得开网店非常合适，家庭和事业都可以照顾到。老公听说后，也非常支持我的想法。

于是，我在一个大型网站上注册了一家网店。因为我对儿童服装比较感兴趣，所以决定做儿童服装网店。我从当地的市场进了些货回来，然后让儿子做模特儿，给衣服拍照，并把照片传到网店上。就这样，我的网店开始营业了。

可是，我的店很多天都没人光临。我用了我能想到的所有的方法，在网上、在微信里推销，可是仍然没有顾客。

后来，那家网站给新手们开了一个网店培训班，教大家如何开好网店。不学不知道，原来开网店不是那么简单，这里面的学问大着呢。我把这些课程下载下来，每天利用孩子睡觉的时间学习，然后按照这些知识，一步一步地建设自己的网店。从选定顾客人群，到选货、确定价格，再到设计店面、设计促销活动、联系快递公司等等，每天都忙到很晚。

不久，我的小店果然有顾客光临了，虽然她当时没有买东西，可是我仍然很高兴。没想到那位顾客第二天又来了，买了一件外套。我赚到了第一笔钱——205元，我非常激动，就像得到了一块宝。

现在，我的网店已经开了一年多了，生意也越来越好，每月收入有三千多元。虽然钱不多，但它让我有了自己的经济来源，有了一份属于自己的事业，让我找回了自信。我认为，自信的女人最美丽！

本级词

宝宝 bǎobao | baby

自信 zìxìn | confidence

怀疑 huáiyí | to doubt, to suspect

家务 jiāwù | household duties

丈夫 zhàngfu | husband

减少 jiǎnshǎo | to reduce, to decrease

考察 kǎochá | to inspect

儿童 értóng | children

感兴趣 gǎn xìngqù | to be interested in (sth)

模特儿 mótèr | model

营业 yíngyè | to do business

光临 guānglín | to present

微信 wēixìn | Wechat

推销 tuīxiāo | to promote (sales)

培训班 péixùnbān | training course/class

学问 xuéwen | learning, knowledge

下载 xiàzài | to download

促销 cùxiāo | to promote (sales)

快递 kuàidì | express delivery

没想到 méi xiǎngdào | to leave sth out of account

外套 wàitào | overcoat

宝 bǎo | treasure

超纲词

打扮 dǎban | to dress up

发火 fāhuǒ | to get angry

赚 zhuàn | to earn (money)

注册 zhùcè | to register

<h2 style="text-align:center">练 习</h2>

一、选词填空。

Fill in the blanks with the words given below.

A. 营业　　　B. 模特儿　　　C. 儿童　　　D. 感兴趣

　　于是，我在一个大型网站上注册了一家网店。因为我对 _____ 服装比较 _____，所以决定做儿童服装网店。我从当地的市场进了些货回来，然后让儿子做 _____，给衣服拍照，并把照片传到网店上。就这样，我的网店开始 _____ 了。

二、根据文章选择正确答案。

Choose the correct answer according to the article.

1. 作者开始带孩子时性格发生变化，根本原因是：_____。

    A. 自己带孩子太苦太累   B. 赚钱依靠丈夫没有安全感

    C. 忽视了打扮   D. 自己渐渐变老了，身材变胖了

2. 没有顾客的问题，作者是如何解决的？（   ）

    A. 让老公帮忙推销。   B. 在网上、在微信里推销。

    C. 请有经验的人来当经理。   D. 参加培训班学习开网店。

三、根据文章判断正误。

Tell right or wrong according to the article.

（   ）1. 作者的丈夫不理解她。

（   ）2. 作者想通过开网店实现自己的价值。

（   ）3. 作者开网店可以同时照顾到事业和家庭。

（   ）4. 网店的第一位顾客第一次光临时买了很多东西。

18 中年男人的危机

　　大雷是一个典型的"八零后"男人，研究生毕业，学的是机械设计专业。毕业后，他进入一家大型制造业公司当了产品工程师。这是这个专业的毕业生最普通的职业入口。过去的十几年中，大雷工作非常努力，从一名新人一步一步地成长为中级工程师、高级工程师。

　　他中间换过一次工作，那是为了爱情，他到了女朋友工作的城市。他的运气很好，那里也有很多同行业的公司。工作五六年的工程师最符合行业用人的理想标准——有一定的工作经验，而且工资要求也没那么高。所以，他当初换工作没有费多大力气。后来，大雷就在那里安了家、结了婚、生了孩子、买了房子。

　　大雷第一次感受到中年危机是35岁的时候。那时，传统制造业已经开始出现全行业下降的趋势，很多公司倒闭。由于大雷工作的公司关闭了部分业务，很多人都失业了。这其中就包括他的一位好朋友大伟。39岁的大伟失业半年没找到合适的工作，被迫转行，开了家餐馆维持生活，人也变得很沉默。

在同情好朋友的同时，大雷也受到了刺激，不知道哪天自己也会失业。他深刻认识到，必须掌握新型技术，进入新型制造业公司，否则就没有办法生存。从此，他开始利用业余时间学习新知识，不断提高自己。他的技术本来就很好，他参加研制的产品有很多是公司的重点产品，这也给他带来了更多深入学习和实际运用的机会。

去年，大雷真正的中年危机来了。领导找他谈话，说现在公司经营困难，用不了那么多高级工程师了。领导表示，"不是因为你不行，而是因为你太优秀。"

就这样，39岁的大雷失业了。难道好友的命运要落到他头上了吗？两个孩子还小，妻子收入一般，怎么办？

开始的两个月，大雷每天都在网上找工作，还联系中介公司帮助介绍工作。可是，他觉得自己是高级工程师，小公司没前途，他看不起。偶尔有大公司请他面试，最后也因为要求的工资太高而拒绝了他。他只能一边找工作，一边做家务，送孩子上学……

妻子没有怪他，还让他别急，慢慢来，可他却觉得对不起妻子。他心里很烦，他又开始抽起了很久不抽的烟，甚至有天晚上，他梦见自己中了大奖，醒来后，他到卫生间里哭了一场。

就这样又过了两三个月，正当他决定降低标准，打算进小公司、拿低工资时，有一家跟人工智能有关的新型制造公司通知他面试。面试后，双方都感觉合适。大雷有制造业的丰富经验，同时又学习过人工智能方面的知识，这在面试的时候给他加了分。虽然公司开出的工资没有以前的高，大雷还是满意地接受了合同。

没想到，别人眼里中年失业的危机，在早有准备的大雷这里，变成了一个全新的机会。他今年整四十岁了，正计划着为未来事业的发展再拼一次。

本级词

运气 yùnqi | fortune

符合 fúhé | to accord with

安 ān | to settle down

倒闭 dǎobì | to close down, to go bankrupt

关闭 guānbì | to close

失业 shīyè | to lose one's job

沉默 chénmò | reticent, silent

同情 tóngqíng | to sympathize (with)

刺激 cìjī | to stimulate

新型 xīnxíng | new type

从此 cóngcǐ | from then on

研制 yánzhì | to develop

运用 yùnyòng | to utilize

妻子 qīzi | wife

中介 zhōngjiè | agency

看不起 kànbuqǐ | to despise

面试 miànshì | to interview

怪 guài | to blame

烦 fán | upset

抽烟 chōuyān | to smoke

梦见 mèngjiàn | to see in a dream, to dream about

中奖 zhòngjiǎng | to win a prize in a lottery

降低 jiàngdī | to reduce

合同 hétóng | contract

超纲词

危机 wēijī | crisis

机械 jīxiè | machinery

业务 yèwù | business

转行 zhuǎnháng | to change profession

人工智能 réngōng-zhìnéng | artificial intelligence (AI)

练 习

一、选词填空。

Fill in the blanks with the words given below.

A. 梦见　　　　B. 抽　　　　C. 烦　　　　D. 怪

妻子没有 _____ 他，还让他别急，慢慢来，可他却觉得对不起妻子。他心里很 _____，又开始 _____ 起了很久不抽的烟，甚至有天晚上，他 _____ 自己中了大奖，醒来后，他到卫生间里哭了一场。

二、根据文章选择正确答案。

Choose the correct answer according to the article.

1. 什么事使大雷受到了刺激，担心自己会失业？（　　　　）

    A. 朋友失业，被迫转行。   B. 领导认为他工作能力不行。

    C. 公司进了很多能力强的新同事。   D. 人到中年，身体开始出现问题。

2. 大雷是如何把中年危机变成发展机会的？（　　　　）

    A. 取得妻子的支持。   B. 降低要求，进入小公司。

    C. 学习新知识，提前做准备。   D. 积极锻炼身体，保持工作精力。

三、在时间线上填入大雷的工作经历。

Fill in the blanks with Dalei's working experience.

A. 失业在家，一边找工作，一边做家务。

B. 研究生毕业，进入一家大型制造业公司。

C. 进入一家跟人工智能有关的新型制造公司。

D. 顺利地换了工作，进入另一个城市的制造业公司。

25岁_____ → 29岁_____ → 39岁_____ → 40岁_____

19 最美是老年

很多人害怕老去，这是很普遍的心理。然而，65岁的陈阿姨却说，老年是生命中最美好的一段时间……

十年前，我退休了，女儿在外地工作。但不久后，丈夫就生了重病。我用轮椅推着他去散步，照顾了他整整三年，一直到他去世。

丈夫刚去世那两年，我很伤心，也感到孤单。看着丈夫的照片，看着丈夫养的花，都会想起他。

我是个性格坚强的人，心比较宽，跟女儿之间的交流也分散了对丈夫的想念。

身边曾有人建议我再找个老伴儿，我拒绝了。我知道有许多单身的老年人找了老伴儿，也过得不错。但是，自由对我的吸引力远远大于再婚。

后来，女儿去国外发展，并在那里结了婚。女儿每年都会回家陪我一段时间，我有时也会去国外看看女儿。现代技术缩短了我们的距离，视频聊天让我们的内心仍然紧密相连。

老伴儿去世后，我对自己的生活重新进行了计划。

首先，与兄妹们商量后，我们决定大家住在同一座楼中。

我们兄妹三人，哥哥的孩子住得离他们很近，妹妹的孩子在外地工作。去年，妹妹去帮忙带孙女，但老人和年轻人的培养观念不同，容易引起误会。为了避免争论，妹妹又回到了自己家。

单独居住最害怕就是万一生病没有人知道。为了大家老了后能够互相照顾，我们决定：在同一座楼里买三套房子，三家搬到一起居住。

我们经常一起去公园锻炼，一起外出旅游。平常谁家做好吃的，都会叫上大家一起吃。我们共同长大，现在又抱团养老，这是深厚的兄妹之情！

此外，我决定开始写作，实现我年轻时的梦想。

我年轻时梦想当一名诗人。然而，结婚以后，单位的工作、女儿的出生、女儿的教育等等，一件件麻烦事随之而来。慢慢地，我习惯了现实生活，习惯了不再做那些梦。

现在的我重新回到了年轻时的状态，生活比以前更自由。于是，我重新拿起了笔。我已经写了两本书，书里有我几十年走过的路，有我对人生的看法。我想把我写的东西留给家人、朋友，这是我的精神遗产。写作，让我真正体会到了生命的意义。

我喜欢宁静的生活，对跳舞什么的不感兴趣。就像喝茶，有人喜欢浓，而我却喜欢淡。大部分时间，我都在家中听音乐、写诗、写文章。我有几个诗友，隔一段时间就在一起聚会，谈谈各自的诗文。

很多老年人害怕独自一人，是因为他们太害怕失去。无论你曾经有多高的地位、多少金钱，人生的最后阶段就是失去。承认这个现实，做好心理准备，在面对不断失去时，才不会痛苦，才能平静地走完自己的一生。

本级词

轮椅 lúnyǐ | wheelchair

宽 kuān | wide

之间 zhījiān | between

分散 fēnsàn | to disperse

缩短 suōduǎn | to shorten

孙女 sūnnǚ | granddaughter

引起 yǐnqǐ | to cause

误会 wùhuì | misunderstanding

争论 zhēnglùn | debate

万一 wànyī | (just) in case

深厚 shēnhòu | deep

此外 cǐwài | besides

诗人 shīrén | poet

遗产 yíchǎn | legacy, heritage

宁静 níngjìng | peaceful

浓 nóng | thick

淡 dàn | tasteless, thin

诗 shī | poetry

独自 dúzì | alone

承认 chéngrèn | to admit

超纲词

孤单 gūdān | lonely

老伴儿 lǎobànr | (of an old couple) husband or wife

单身 dānshēn | single

视频 shìpín | video

相连 xiānglián | to be connected together

养老 yǎnglǎo | to provide for the aged

金钱 jīnqián | money

练 习

一、选词填空。

Fill in the blanks with the words given below.

A. 引起　　　　　B. 争论　　　　　C. 孙女

我们兄妹三人，哥哥的孩子住得离他们很近，妹妹的孩子在外地工作。
去年，妹妹去帮忙带 _____，但老人和年轻人的培养观念不同，容易
_____ 误会。为了避免 _____，妹妹又回到了自己家。

二、根据文章选择正确答案。

Choose the correct answer according to the article.

1. 作者在老伴儿去世后，重新计划了生活。她的第一个计划是什么？（　　　）

　　A. 写两本书。　　　　　　　　B. 去国外看女儿。

　　C. 寻找合适的男士再婚。　　　D. 与兄妹住同一座楼里。

2. 现在，作者大部分时间在做什么？（　　　）

　　A. 去广场跳舞。　　　　　　　B. 与朋友聚会。

　　C. 在家听音乐、写作。　　　　D. 与兄妹一起锻炼、旅游。

三、根据文章判断正误。

Tell right or wrong according to the article.

（　　　）1. 作者是个性格比较坚强的人。

（　　　）2. 女儿去国外后，母女几乎没见过面。

（　　　）3. 妹妹去帮忙带孙女，因为身体太累又回来了。

（　　　）4. 作者年轻时的梦想是当诗人。

20 不离不弃的爱情

    2000年，23岁的小伙子吴廷河（Wú Tínghé）遇见了19岁的女孩儿邱小敏（Qiū Xiǎomǐn）。吴廷河当时心中就有了一个愿望：我要保护她。每天一下班，吴廷河就跑到邱小敏家帮忙干活儿，两人幸福地相爱了。

    2004年10月，正在两人商量着准备结婚时，邱小敏查出了癌症，而且已经转移了！治这种病需要花很多钱，还未必能治好。有朋友建议他分手，不要到最后人财两空。为了不成为爱人的负担，邱小敏也提出了分手。可是，吴廷河的爱没有变，他说："如果因为你生病了，就丢下你，我还是个男人吗？只要你在一天，我就会跟你过一天。"邱小敏依靠在他的胸前哭了起来。吴廷河的父母很善良，也同意了儿子的婚事。

　　结婚后第七天，吴廷河把存下来用于结婚的钱都拿了出来，带着邱小敏住进了医院。治疗使邱小敏经常感到恶心、全身酸疼，九十多斤的体重一下子下降到七十多斤。吴廷河看着妻子受苦，决定要为她举行一场婚礼。

　　2004年11月，两人举行了婚礼。邱小敏流着泪，看着吴廷河把戒指戴在了她的手指上。这场特殊的婚礼让所有人都流下了泪水。

　　婚礼结束后，邱小敏继续住院，吴廷河每天一下班就往医院跑，还要抽时间照顾老人，体重减少了十多斤。邱小敏看着心里很难过。吴廷河压力很大，但在妻子面前，他必须表现得很轻松，他说："老婆啊，我省了减肥了。"丈夫的爱是最好的药，邱小敏变得坚强起来。经过八个月的治疗，一起治病的六个病友中，只有她活了下来。出院前，医生说："过了五年安全期，你就有百分之八十的可能活下去了。"

　　2005年，邱小敏发现自己怀孕了。吴廷河觉得生孩子存在危险。可是，邱小敏一定要生下这个孩子。她流着泪说："我不知道能活到哪一天，我一定要为你生个孩子。"2006年9月，他们的女儿出生了。小小的三口之家每天都充满了笑声。

　　2009年，五年的期限就要到了。渐渐地，邱小敏发现自己耳朵听不见声音了——癌症又回来了！此时，她想放弃："这次是过不去了，绝不能再让丈夫受累了。"可吴廷河说："我一定要让你活下去。"他又开始每天下班就往医院跑。每到周末，他还会把女儿带到医院，跟妈妈聊天。为了丈夫和女儿，邱小敏更加坚强地面对痛苦，积极治疗。她又一次活了下来。这一次，她失去了正常听力，但吴廷河让她的心听到了爱的声音。

　　眼看日子一天天好起来了，然而，命运好像还是不愿放过这个苦命的女人。2016年6月，邱小敏又检查出了另一种癌症！吴廷河又像曾经无数个日子一样，带着妻子走在去医院的路上，紧紧拉着她的手。邱小敏又一次接受了手术。丈夫的爱又一次延续了妻子的生命。

　　童话里的爱情虽然伟大，但那不是真实的。然而，吴廷河和邱小敏在三死三生中创造了一段真实的爱情神话！

本级词

小伙子 xiǎohuǒzi | young man

遇见 yùjiàn | to meet

转移 zhuǎnyí | to transfer

未必 wèibì | may not

分手 fēnshǒu | to break up

财 cái | wealth

胸 xiōng | chest

善良 shànliáng | kindhearted

恶心 ěxin | to feel sick

体重 tǐzhòng | weight

泪 lèi | tear

减肥 jiǎnféi | to reduce weight

期限 qīxiàn | deadline, time limit

延续 yánxù | to continue

童话 tónghuà | fairy tale

神话 shénhuà | myth

超纲词

癌症 áizhèng | cancer

戒指 jièzhi | ring

百分之 bǎifēnzhī | percent

怀孕 huáiyùn | to be pregnant

练 习

一、选词填空。

Fill in the blanks with the words given below.

A. 未必　　　B. 分手　　　C. 财　　　D. 转移

正在两人商量着准备结婚时，<u>邱小敏</u>查出了癌症，而且已经 _____ 了！治这种病需要花很多钱，还 _____ 能治好。有朋友建议他 _____，不要到最后人 _____ 两空。

二、根据文章选择正确答案。

Choose the correct answer according to the article.

1. 妻子第一次住院治疗很痛苦，丈夫为她做了什么事？（   ）

    A. 举行一场婚礼。

    B. 去更好的医院治病。

    C. 周末带女儿到医院跟妈妈聊天。

    D. 一下班就跑到妻子家帮忙挑水、做饭。

2. 下面哪句话说明丈夫在妻子面前表现得很轻松？（   ）

    A. 我一定要让你活下去。

    B. 老婆啊，我省了减肥了。

    C. 只要你在一天，我就会跟你过一天。

    D. 如果因为你生病了，就丢下你，我还是个男人吗？

三、根据文章判断正误。

Tell right or wrong according to the article.

（   ）1. 丈夫的父母没同意二人结婚。

（   ）2. 妻子怀孕生女风险很大。

（   ）3. 妻子第二次得癌症时失去了听力。

（   ）4. 妻子第三次得癌症时失去了生命。

练习参考答案

1 汉服女孩儿

一、D   C   A   B

二、1. B   2. D

三、1. √   2. √   3. ×   4. ×

2 农村厨师

一、B   A   D   C

二、1. ×   2. √   3. √   4. ×

三、经历：C→A→D→B

做菜技术：G→F→H→E

3 住在北京

一、C   A   B   D

二、C

三、1. √   2. √   3. ×   4. ×

四、D→B→C→A

4 我的"车生活"

一、1. C   2. A   3. B

二、1. ×   2. √   3. √   4. ×   5. √

5 西海固移民

一、C   D   A   B

二、1. B   2. C

三、1. ×   2. √   3. √   4. √

6 海上人家

一、B→C→A

二、A — cf   B — ad   C — be

三、1. √   2. ×   3. ×   4. √   5. √

7 "绿色长城"的建设者

一、1. D   2. D

二、

塞罕坝人	代表	困难	成就
第一代	C	F H I	K
第二代	A	E G	L
第三代	B	D	J

8 成都人和茶馆

一、D   C   A   B

二、1. C   2. D

三、1. ×   2. √   3. √   4. ×

9 维吾尔族农家乐

一、A   D   C   B

二、C

三、

为了让客人	住得舒服	吃得放心	玩得开心
经营措施	C D E	B	A F

10 科学家袁隆平的梦想

一、A   E   C   B   D

二、1. C   2. B

三、1. √   2. ×   3. ×   4. ×

11 最美护士

一、B   C   A   E   D

二、1. C   2. B

三、1. ×   2. √   3. ×   4. √

12 回乡创业的"九零后"

一、C   B   A   D

二、1. D   2. B

三、1. ×   2. √   3. ×   4. √   5. √

13 爱学习的农民工

一、B   A   E   C   D

二、1. B   2. C

三、1. √   2. √   3. ×   4. √

14 十四岁的奥运冠军

一、B   D   A   C

二、1. A   2. B

三、1. √   2. ×   3. √   4. ×   5. √

15 高考

一、B   A   D   C

二、1. C   2. D

三、1. √   2. √   3. ×   4. ×

16 我是一个兵

一、B   A   D   C

二、1. C   2. A

三、1. √   2. √   3. √   4. ×

17 宝妈开网店

一、C   D   B   A

二、1. B   2. D

三、1. ×   2. √   3. √   4. ×

18 中年男人的危机

一、D   C   B   A

二、1. A   2. C

三、B → D → A → C

19 最美是老年

一、C   A   B

二、1. D   2. C

三、1. √   2. ×   3. ×   4. √

20 不离不弃的爱情

一、D   A   B   C

二、1. A   2. B

三、1. ×   2. √   3. √   4. ×

词汇表

版权声明

　　为了满足全球中文学习者的需求，我们在编写本套丛书时，对标《国际中文教育中文水平等级标准》，部分课文在已有文本的基础上稍作改动，以适应中文学习者的不同水平和阅读习惯。由于诸多客观原因，虽然我们做了多方面的努力，但仍无法与部分原作者取得联系。部分作品无法确认作者信息，故未署上作者的名字，敬请谅解。

　　国际中文的推广任重而道远，我们希望能得到相关著作权人的理解和支持。若有版权相关问题，您可与我们联系，我们将妥善处理。

编者

2023 年 10 月

图书在版编目（CIP）数据

中国百姓故事 / 张宜昂编 . -- 上海：上海外语教育出版社，2024
（阅读中国·外教社中文分级系列读物 / 程爱民总主编 . 四级）
ISBN 978-7-5446-7302-0

Ⅰ . ①中… Ⅱ . ①张… Ⅲ . ①汉语—对外汉语教学—语言读物 Ⅳ . ①H195.5

中国国家版本馆CIP数据核字（2022）第124641号

出版发行：**上海外语教育出版社**
　　　　　（上海外国语大学内）　邮编：200083
电　　话：021–65425300 (总机)
电子邮箱：bookinfo@sflep.com.cn
网　　址：http://www.sflep.com
责任编辑：杨莹雪

印　　刷：上海信老印刷厂
开　　本：787×1092　1/16　印张 6.5　字数 115千字
版　　次：2024年2月第1版　2024年2月第1次印刷

书　　号：ISBN 978–7–5446–7302–0
定　　价：36.00元

本版图书如有印装质量问题，可向本社调换
质量服务热线：4008-213-263